AF380996

LA BATAILLE DES PLAINES D'ABRAHAM

L'affirmation de la puissance coloniale anglaise
de James Wolfe à Québec

Par Guillaume Henn
Sous la direction de Romain Parmentier

LA BATAILLE DES PLAINES D'ABRAHAM

INTRODUCTION

La bataille des Plaines d'Abraham scelle le destin de la présence française au Canada. Elle s'inscrit dans un conflit majeur opposant la France et l'Angleterre, soit les plus grandes forces coloniales du XVIIIe siècle. L'enjeu pour les protagonistes est de mettre la main sur les terres canadiennes.

Depuis le mois de juin 1759, Québec subit le siège de l'armée britannique. Les Français, menés par le lieutenant général Louis-Joseph de Montcalm (1712-1759), tiennent fermement leurs positions malgré la supériorité numérique et matérielle des assaillants. Il a l'intention de faire durer le siège jusqu'à l'hiver et espère que les Anglais rebrousseront chemin. Mais, après trois mois de bombardements, le général anglais James Wolfe (1727-1759) ordonne le débarquement de ses troupes sur les plaines d'Abraham, un plateau situé sur la rive ouest du fleuve Saint-Laurent, à la grande surprise des troupes françaises : le terrain choisi par les Anglais est en effet irrégulier et peu praticable.

La situation est rendue plus critique en raison des informations erronées que possède Louis-Joseph de Montcalm et qui l'incitent à répartir ses forces de défense de façon peu stratégique. L'affrontement en lui-même sera court et inégal : l'effet de surprise aidant, la victoire britannique ne fait aucun doute, les troupes anglaises étant par ailleurs en meilleure forme. Les pertes françaises sont lourdes, tant du point de vue humain que stratégique : la bataille des Plaines d'Abraham signifie en effet la chute de Québec. L'événement marque également une étape déterminante de ce que les Québécois appellent aujourd'hui encore la guerre de la Conquête (1754-1763).

DONNÉES-CLÉS

- **Quand ?** Le 13 septembre 1759
- **Où ?** À Québec
- **Contexte ?** La guerre de Sept Ans (1756-1763)
- **Belligérants ?** Le royaume de France contre le royaume de Grande-Bretagne
- **Acteurs principaux ?**
  - James Wolfe, général anglais (1727-1759)
  - Louis-Joseph de Montcalm, lieutenant général français (1712-1759)
  - Louis-Antoine de Bougainville, lieutenant français (1729-1811)
- **Issue ?** Victoire anglaise
- **Victimes ?**
  - Camp anglais : environ 58 morts et 600 blessés
  - Camp français : environ 116 morts et 600 blessés

CONTEXTE POLITIQUE ET SOCIAL

LA GUERRE DE SUCCESSION D'AUTRICHE

Alors que les premiers affrontements entre Anglais et Français en Amérique du Nord remontent à la fin du XVIIᵉ siècle, l'année 1744 marque un tournant dans les activités militaires des forces colonialistes. Cette date coïncide avec la guerre de Succession d'Autriche. Ce conflit, qui s'étend de 1740 à 1748, débute à la mort de l'empereur du Saint Empire romain germanique, Charles VI (1685-1740). Sa fille, Marie-Thérèse d'Autriche (1717-1780), décide de confier le pouvoir à son mari, François-Étienne de Lorraine (1708-1765), duc de Lorraine et de Bar. Mais les frères de l'héritière prétendent eux aussi gouverner l'empire. Parmi les candidats à la succession se retrouvent :

- Philippe V d'Espagne (1683-1746) ;
- Frédéric II de Prusse (1712-1786) ;

- Auguste III de Saxe et de Pologne (1696-1763) ;
- et Charles-Albert (1697-1745), prince électeur de Bavière.

Ce dernier est soutenu par la France, qui entre dans le conflit, de même que la Prusse, qui en profite pour envahir la Silésie, riche région minière du Sud de la Pologne. Les Anglais et les Néerlandais soutiennent quant à eux la cause autrichienne afin de contrer les intérêts français. Peu à peu, le conflit se généralise et chaque État européen prend parti en faveur de l'un des deux camps.

La paix est finalement sanctionnée par le traité d'Aix-la-Chapelle en 1748, et le conflit s'achève sans réel perdant : Marie-Thérèse d'Autriche garde ses prérogatives et la Prusse signe une trêve avantageuse qui lui garantit la préservation des territoires conquis. La France, sans avoir connu de grave revers militaire, sort néanmoins affaiblie diplomatiquement et économiquement de ce conflit.

Pendant que les grandes puissances se déchirent sur le Vieux Continent, elles décident également de renforcer leur présence militaire en Amérique du Nord, l'Angleterre étant bien décidée à mettre fin à l'hégémonie française dans cette région. Celle-ci considère en effet la présence française dans ce continent comme un danger permanent.

LE CANADA, UNE TERRE CONVOITÉE

Le Canada a toujours suscité les convoitises des puissants, en grande partie pour ses richesses naturelles. Contrôler ce territoire signifie obtenir le monopole sur le commerce de la fourrure et de la pêche. Cependant, le début des hostilités avec les autochtones (notamment les Iroquois) et les maladies ont limité l'expansion coloniale jusqu'à la fin du XVIIe siècle.

C'est au milieu du siècle suivant que les Anglais entreprennent leurs premières actions militaires contre les intérêts français au Canada. Alors que les colons installés là-bas ont connu une période de paix relative entre 1713 et 1744, ils sont désormais habitués aux conflits et doivent constituer leur propre milice, sous l'égide française. Ils jouissent par ailleurs d'une certaine indépendance grâce aux institutions locales et régionales qui les gouvernent. Peu à peu, une élite coloniale française se forme et la population se développe, mais c'est sans commune mesure avec les treize colonies britanniques qui y sont implantées : celles-ci, fortes d'un million d'habitants, sont seize fois plus nombreuses. Pour tenter de remédier à ce désavantage numérique, les Français se lancent dans une politique d'alliance avec les tribus autochtones. Cependant, l'avantage numérique des Anglais demeure évident et ceux-ci démarrent leur offensive en 1754, soit deux ans avant le début de la guerre de Sept Ans.

La guerre de Sept Ans, découlant d'une part de l'affrontement entre la France et l'Angleterre pour la constitution d'un empire colonial, et d'autre part de la volonté de Marie-Thérèse d'Autriche de reprendre la Silésie à la Prusse, est le premier grand conflit à l'échelle quasi mondiale. Les historiens le situent habituellement entre 1756 et 1763, bien que certaines querelles éclatent déjà dans les colonies deux ans auparavant. La date du 29 août 1756 marque en effet l'attaque de la Saxe par Frédéric II de Prusse. Le conflit oppose la Prusse et l'Autriche, ainsi que la France et l'Angleterre, et s'étend rapidement à toute l'Europe.

Il résulte de cette guerre, qui prend fin par la signature du traité de Paris le 10 février 1763, un drame humain et financier conséquent pour tous les pays qui s'y sont engagés. Bien que la Prusse s'impose désormais comme une puissance militaire de premier ordre, elle a perdu environ 180 000 hommes et plonge dans une crise économique importante. L'Angleterre affirme quant à elle sa suprématie comme force coloniale et navale, mais compte sur ses colonies pour se relancer financièrement. La France, enfin, se replie sur elle-même, abandonnant ses colonies américaines pour se concentrer sur une réforme de l'armée.

LA VIE EN NOUVELLE-FRANCE

Dès ses débuts, la colonie française est régie par la Coutume de Paris, un ensemble de lois dictées dans une conception de l'État et de la religion où l'autorité paternelle est le pilier structurel. Le patrimoine familial est fortement protégé et le régime seigneurial est de rigueur. La famille d'agriculteurs est représentée comme une institution à la base de la société. Cette vision paternaliste du « faible » protégé par son seigneur est promue par l'État pour maintenir la paix et avantager la noblesse.

En plus de sa législation, la France dote également ses colons d'une véritable administration. Ils sont dirigés par un gouverneur, lui-même assisté par un conseil qui lui permet rapidement d'établir un appareil de justice où la Coutume de Paris est appliquée. Par conséquent, la Nouvelle-France devient une province dotée des mêmes structures administratives que n'importe quelle autre province française. Les affaires coloniales sont dirigées à Paris et la communication avec la capitale se fait péniblement et seulement pendant l'été, ce qui confère une importance encore plus grande aux deux grands dirigeants de la colonie, à savoir le gouverneur et l'intendant. Le premier s'occupe des affaires militaires et de la diplomatie, le second de la direction des finances.

La religion est très importante dans l'organisation de la société en Nouvelle-France. Les jésuites sont les premiers à dispenser l'éducation dans la colonie. Les communautés religieuses de femmes s'occupent quant à elles des soins et de l'enseignement. Ces groupes permettent d'entretenir de bonnes relations entre colons et autochtones. La noblesse locale les apprécie également et voit dans la carrière ecclésiastique un choix de vie possible pour certains de ses enfants. Or, les congrégations masculines recrutent majoritairement en France, ce qui explique la tendance de cette classe sociale à se tourner vers la carrière militaire.

UNE CONJONCTURE DIFFICILE POUR LA POPULATION

L'offensive anglaise relance la mobilisation, tant auprès des colons qu'auprès des tribus amérindiennes, qui jugent parfois assez négativement les colonies anglaises.

Plusieurs couches de la population s'avèrent mécontentes de la situation :

- les marchands. Pour eux, rien n'est plus précieux qu'une période de paix durable, les routes étant alors plus sûres et les prix plus stables ;

- les miliciens. Certes, ils sont plus nombreux qu'avant, mais ils sont toujours en infériorité numérique et moins bien formés que leurs adversaires ;
- les agriculteurs. Ils déplorent une baisse de main-d'œuvre significative due aux campagnes de recrutement ;

les officiers et représentants des colons au sein des institutions. Ils se sentent trahis par la couronne française et impuissants pour aider leurs concitoyens.

Les relations entre la métropole et les coloniaux ne sont donc pas au mieux en ce milieu du XVIIIe siècle. Les Canadiens commencent d'ailleurs à juger les Français incapables de défendre leurs intérêts en Amérique du Nord. Ce sentiment présent depuis que les Français ont renoncé à reprendre l'Acadie persiste et ne fait que s'accroître. Désormais, la population a également peur de mourir de faim et est sujette aux maladies. La colère gronde et le peuple est au bord de la révolte, sans jamais y céder toutefois. Peu à peu, les colons acceptent l'idée que la guerre est la seule solution envisageable, mais la victoire semble inespérée.

Au cours de l'année 1755, les forces locales canadiennes comprennent approximativement 1 500 guerriers amérindiens et environ 10 000 colons en armes. L'ennemi est potentiellement vingt fois supérieur en nombre et a même intercepté des renforts maritimes français, ainsi que 300 navires marchands en trois mois.

La tactique anglaise est simple : resserrer l'étau autour du Québec. Après une première année de guerre mitigée, la Nouvelle-France se résigne. Elle connaît des victoires dans un premier temps, certes, mais celles-ci sont provisoires. Les places sont reprises par les Britanniques peu de temps après. Ceux-ci poursuivent d'ailleurs leur avancée, et en 1759 ils pénètrent au cœur du pays et marchent en direction de Québec.

QUÉBEC, UN LIEU STRATÉGIQUE

Le promontoire de Québec est un lieu stratégique en ce qu'il représente l'emprise de la France en Amérique : les couleurs de la Couronne flottent en haut du prestigieux château Saint-Louis, résidence du gouverneur où les décisions importantes sont prises. L'édifice surplombe le fleuve, la vallée et la ville basse : c'est la première chose que les visiteurs aperçoivent en approchant. Il doit symboliser Québec, l'instituant comme la véritable capitale de la colonie. Trois éléments caractérisent la ville, lui conférant une importance majeure :

- le symbole. Les édifices de la ville sont connus dans toute la région ; c'est la capitale, là où vit le gouverneur ;
- la situation géographique est un élément déterminant. Située au sommet des falaises et en aval du fleuve Saint-Laurent, Québec permet à ceux qui la tiennent de contrôler la circulation maritime de toute la région ;
- les remparts de la ville attirent la convoitise. Ils sont remarquables pour la région : sans être impressionnants, ils demeurent néanmoins un atout qu'il convient de posséder.

La ville est pourtant peu peuplée et mal défendue : elle ne compte en effet qu'un peu plus de 4 000 habitants en 1744. C'est moins que les troupes utilisées par le général anglais James Wolfe pour le siège de 1759. La ville de Québec est d'ailleurs habituée aux sièges, le premier ayant eu lieu en 1628. Elle est prise en 1629, mais rendue aux Français par la suite.

Cependant, l'entreprise militaire de James Wolfe s'avère bien plus déterminée à en finir avec la présence française dans ces régions.

ACTEURS PRINCIPAUX

JAMES WOLFE, GÉNÉRAL ANGLAIS

Fils de soldat né en 1727, James Wolfe rejoint l'armée en 1741. Lors de la guerre de Succession d'Autriche, il sert comme adjudant de son régiment à Dettingen (Bavière), alors qu'il n'est âgé que de 16 ans. Il prend rapidement du galon et devient major, puis colonel, en 1750. Il est connu pour sa magnanimité et s'entoure de soldats chevronnés. En 1757, James Wolfe prend part à l'expédition infructueuse de Rochefort, sur la côte française, et est ensuite envoyé outre-Atlantique pour soutenir la cause des colonies. Il se voit attribuer tous les crédits de la victoire à Louisbourg et est nommé lieutenant général à son retour à Londres. Le ministre anglais de la Guerre, William Pitt (1708-1778), l'honore en le nommant à la tête des troupes chargées de prendre Québec. Ce sera pour lui l'unique occasion de mener une opération militaire. Le siège est pénible, et trois mois passent avant qu'il ne tente un mouvement risqué qui lui apporte la victoire, mais lui coûtera également la vie.

James Wolfe est souvent présenté comme le brillant général désespérément attendu par les Britanniques en Amérique du Nord. Sa mort a d'ailleurs été représentée par le peintre américain Benjamin West (1738-1820) en 1770 dans un tableau glorifiant son combat et présentant sa disparition comme un sacrifice ultime pour la patrie.

LOUIS-JOSEPH DE MONTCALM, LIEUTENANT GÉNÉRAL FRANÇAIS

Louis-Joseph, marquis de Montcalm, naît en 1712. Il reçoit dès l'âge de 12 ans l'enseignement militaire français traditionnel. Lors de la guerre de Succession d'Autriche, il sert sous Victor-François de Broglie, futur maréchal de France (1718-1804), puis dans le Nord de l'Italie, où il est blessé et capturé. Après sa libération, il devient brigadier-chef de son régiment de cavalerie et, en 1756, il est promu major général et est envoyé en Nouvelle-France.

Louis-Joseph de Montcalm a donc un parcours similaire à celui qui deviendra son adversaire dans la bataille des Plaines d'Abraham, mais il possède toutefois un peu plus d'expérience, tant de l'Europe que de l'Amérique. En effet, comme James Wolfe, il participe aux campagnes militaires européennes avant d'être transféré au Canada. Sa mission est d'endiguer les attaques répétées des Britanniques sur les places fortes françaises et de récupérer les positions récemment perdues dans ces régions. Il y développe un art de la guerre différent de celui pratiqué sur le Vieux Continent. En effet, il ne dispose pas de troupes aussi impor-tantes et sophistiquées que celles qu'il pourrait avoir en Europe, et cela le pousse à modifier ses tactiques. Il doit donc faire appel à des autoch-tones et des colons habitant dans des régions isolées. Louis-Joseph de Montcalm reconnaît en eux une qualité certaine et utile au combat : l'élément de surprise. C'est cette conception de la guerre qui lui permet de reprendre le contrôle du lac Ontario en août 1756. Il se sait redevable aux Amérindiens, mais n'en reste pas moins cho-qué par leur comportement lors des combats : en effet, certains n'hésitent pas à mutiler leurs victimes, se montrant parfois très cruels.

La perte de Louisbourg est un coup dur pour les Français. Louis-Joseph de Montcalm, à la tête de 3 000 hommes, est chargé de reprendre le fort Carillon, situé entre le lac George et le lac Champlain, point stratégique dans la route commerciale s'étendant de la baie d'Hudson au fleuve Saint-Laurent. Submergé par un adversaire quatre fois plus important en nombre, il est contraint de battre en retraite. Il est ensuite chargé de la défense de Québec, qui s'apprête à subir le siège de James Wolfe.

La France perd ainsi, au matin du 14 septembre 1759, un combattant aguerri doté d'un grand sens tactique et capable d'exécuter les ordres avec beaucoup de zèle.

LOUIS-ANTOINE DE BOUGAINVILLE, LIEUTENANT FRANÇAIS

Né à Paris en 1729, Louis-Antoine de Bougainville entreprend des études poussées en mathématique et en droit. Après une carrière d'avocat, il s'engage dans l'armée. Il sert dans la marine avant d'être nommé secrétaire d'ambassade à Londres. Il est envoyé au Canada en 1756 pour y être l'aide de camp de Louis-Joseph de Montcalm. Là, il assiste au déclin et à la disparition de la Nouvelle-France. Il participe ensuite à la guerre de Sept Ans et à la guerre d'Indépendance des États-Unis (1775-1782). Entre ces deux campagnes, il entreprend un tour du monde qui le fait définitivement entrer dans l'histoire, notamment pour ses explorations des îles du Pacifique, dont il publiera le récit en 1771 sous le titre de *Voyage autour du monde*. Le roman de Denis Diderot (écrivain et philosophe français, 1713-1784) intitulé *Supplément au voyage de Bougainville* (1796) achèvera de perpétuer le nom de ce navigateur, premier capitaine français à avoir fait le tour du monde.

ANALYSE
DE LA BATAILLE

LES PRÉPARATIFS

William Pitt, ministre de la Guerre du roi d'Angleterre George III (1738-1820), écrit dans une lettre adressée au major général Jeffery Amherst (1717-1797) en date du 29 décembre 1758 : « Le roi en est arrivé à la résolution d'assigner une portion importante de ses forces en Amérique du Nord, soit 12 000 hommes, pour faire une attaque contre Québec, par le fleuve Saint-Laurent en ayant Louisbourg comme point de départ. » (MATHIEU (Jacques) et KEDL (Eugen), *Les plaines d'Abraham. Le culte de l'idéal*, Québec, Septentrion, 1993, p. 89)

La rumeur de cette attaque arrive aux oreilles des coloniaux français, et Louis-Joseph de Montcalm convainc le gouverneur d'adopter une stratégie défensive. Il décide alors de regrouper ses troupes à Québec et à Montréal, tandis que Louis-Antoine de Bougainville, lieutenant de Louis-Joseph de Montcalm, fait route vers le continent pour demander de l'aide. La Cour accepte l'éventualité de perdre Québec et le Canada, mais exige cependant que le combat soit mené. L'heure est donc à la préparation des défenses et au renforcement des fortifications. En effet, la ville comporte deux zones de vulnérabilité topographique : le nord, où l'escarpement est faible, et l'ouest, où se situent les plaines d'Abraham, en raison des différences de niveau du promontoire.

Tout défenseur doit se préparer au siège, en constituant par exemple un stock de vivres suffisant, ou encore en fabriquant des charriots de transport pour les munitions, et en érigeant des infrastructures pour les soldats venus renforcer la garnison. Il s'agit de faire vite : le 24 juin 1759, ce ne sont pas moins de 30 000 Anglais et de 1 900 canons qui débarquent sur l'autre rive du fleuve Saint-Laurent. Louis-Joseph de Montcalm ne peut leur opposer que 15 000 hommes et un millier d'Amérindiens.

LE SIÈGE DE QUÉBEC

Le siège de Québec est une bataille de position : chaque partie tente des déplacements timides et quelques coups à l'occasion, alors que la ville subit des bombardements importants et réguliers. Le 27 juin, James Wolfe installe la plupart de ses troupes sur l'île d'Orléans, en aval du fleuve, à l'ouest. Peu de temps après, quatre régiments s'installent juste en face de Québec, de l'autre côté de la rive, à la Pointe-Lévy.

De leur côté, Louis-Joseph de Montcalm et Louis-Antoine de Bougainville pensent que la côte de Beauport, à l'ouest, offre la meilleure zone de débarquement. Ils partagent la même logique militaire qui voudrait que l'assiégeant mette pied à terre loin à l'est et marche ensuite rapidement sur Québec, en forçant le passage de la rivière Saint-Charles pour gagner les hauteurs de la ville. C'est pourquoi Louis-Joseph de Montcalm choisit de renforcer ce côté-là de la rive.

De son côté, le général anglais James Wolfe met rapidement ses batteries en place pour que le bombardement puisse débuter. Entre le 12 et le 19 juillet, une batterie d'une quinzaine de pièces de gros calibre fait feu sur la ville, démolissant environ 240 maisons en à peine une semaine. Heureusement, l'Hôpital général de Québec semble hors de portée et permet d'accueillir les nombreux blessés. Du côté français, les nerfs sont à vif : les miliciens tirent sur des ennemis invisibles, de fausses alarmes sont déclenchées et de nombreuses maisons sont incendiées. Ils tentent de riposter par une offensive menée contre les troupes de la Pointe-Lévy, mais la pénombre perturbe les régiments français, qui, composés de plusieurs types de soldats, font feu les uns sur les autres par erreur : c'est un échec.

Pendant ce temps, la stratégie anglaise est peaufinée et plusieurs possibilités de déploiement sont envisagées : gravir la pente escarpée des abords des plaines d'Abraham n'est pour le moment pas du goût de l'état-major anglais ; celui-ci préfère opérer un débarquement par l'Anse-des-Mères, une petite baie peu profonde. Le 31 juillet, le général James Wolfe tente une action à l'est, mais il échoue, perdant 400 hommes.

Dans le même temps, la Nouvelle-France perd trois de ses forts et l'étau semble se resserrer de plus en plus autour de Québec. L'issue ne s'annonce guère heureuse et le moral des hommes est au plus bas. Louis-Antoine de Bougainville est alors nommé à la tête des troupes chargées de protéger la rive nord entre Québec et Cap-Rouge. Il reçoit également l'ordre de remotiver les troupes.

Finalement, James Wolfe change ses plans d'attaque et décide de tenter une manœuvre audacieuse : débarquer sur la côte de Beauport, sur la rive nord en amont de Québec. Il s'agit d'une stratégie hasardeuse puisque les Anglais risquent de s'y trouver entre deux corps d'armée français : les défenses de la ville où se trouvent les hommes de Louis-Joseph de Montcalm à Beauport et les troupes de Louis-Antoine de Bougainville, sur la côte du Saint-Laurent – ces dernières pouvant prendre les Britanniques à revers. James Wolfe choisit alors l'Anse-au-Foulon, un endroit si peu praticable que les Français n'ont pas jugé nécessaire de le défendre, mais qui a l'avantage de mener, par un sentier escarpé, aux plaines d'Abraham. Malgré l'état du terrain et l'amplitude importante de la pente à franchir, les Anglais parviennent à faire débar-quer leurs troupes dans la nuit du 12 au 13 sep-tembre. Vers 8 heures, plus de 4 000 soldats anglais parviennent à s'établir sur les plaines d'Abraham.

LA BATAILLE DES PLAINES D'ABRAHAM

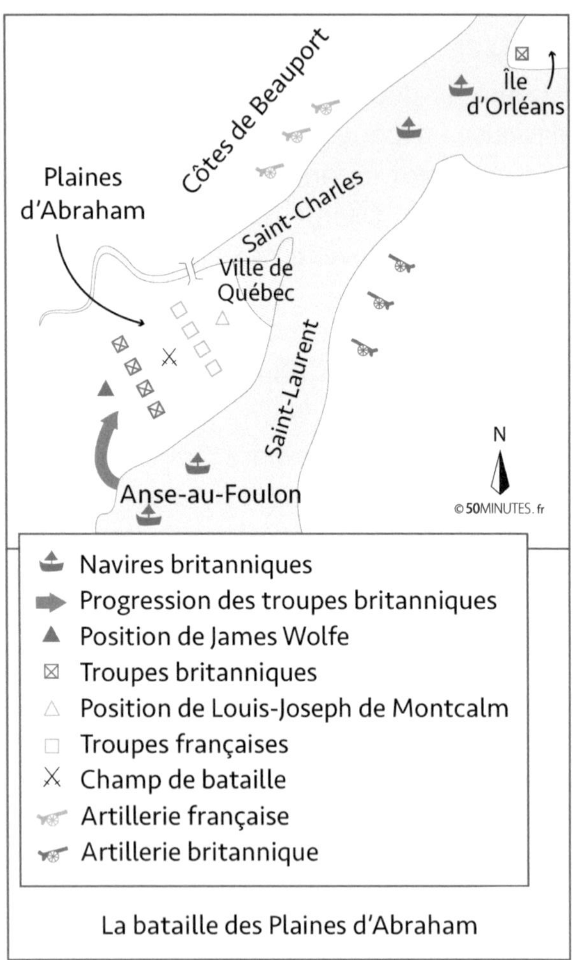

La bataille des Plaines d'Abraham

Louis-Joseph de Montcalm apprend la nouvelle au matin du 13 septembre et décide d'envoyer immédiatement ses hommes marcher contre l'ennemi. Afin de lui permettre d'arriver avec ses troupes et de retarder les Anglais, près de 800 hommes (miliciens de Québec et francs-tireurs indiens) engagent le combat. Les Français espèrent que Louis-Antoine de Bougainville, mis au courant du débarquement anglais, viendra se joindre à eux, mais en vain : ce dernier attend les ordres du gouverneur en scrutant les navires en face de Cap-Rouge ; Louis-Joseph de Montcalm ne peut donc pas compter sur cet appui. Il ignore par ailleurs si les Anglais prévoient un second débarquement à Beauport : l'attaque sur les plaines d'Abraham est-elle une simple diversion ou est-ce la véritable attaque d'invasion ? Par ailleurs, le lieutenant général français ne parvient pas à déterminer le nombre d'ennemis qu'il a en face de lui à cause des inégalités du terrain. Enfin, il hésite à faire appel à davantage de troupes de la ville.

À 10 heures, les deux armées se mettent en position de bataille. Près de 4 400 soldats réguliers anglais se tiennent devant les 4 500 soldats de la

Nouvelle-France (Français et habitants enrôlés). Les troupes anglaises sont alignées sur deux lignes pour couvrir le plus d'espace possible. James Wolfe espère que les Français tireront les premiers : c'est précisément ce qui se produira. Louis-Joseph de Montcalm décide en effet d'attaquer sans attendre d'éventuelles troupes de Louis-Antoine de Bougainville. Effectuant une manœuvre classique, les défenseurs français dévalent alors la pente en colonne afin de percer la ligne britannique, tirant les premiers. Mais la distance est trop grande entre eux et les troupes anglaises qui subissent sans trop de dommages la première salve.

L'artillerie anglaise riposte aussitôt en vue de déstabiliser les Français, qui ne sont pas encore parfaitement positionnés. Pour augmenter leur puissance de feu, les Anglais ont préalablement chargé leurs fusils de deux balles, d'où le caractère dévastateur de la première salve, si puissante qu'elle occasionne un véritable massacre chez les Français. Les troupes de Louis-Joseph de Montcalm tirent néanmoins deux autres rafales, à bonne distance cette fois, qui engendrent des pertes plus importantes dans les rangs anglais. Vient alors la seconde riposte

britannique, aussi dévastatrice que la première :
côté français, c'est la débandade.

D'abord à gauche et ensuite à droite, les flancs
français désertent leur poste et tentent de se
replier soit vers la ville, soit vers le pont de la
rivière Saint-Charles, poursuivis par les troupes
britanniques, armées de baïonnettes. Dans ce dé-
sordre, certains fuyards se regroupent, et moins
de 1 000 hommes s'installent en embuscade au
Nord des plaines pour ralentir la poursuite des
Anglais. Lors du repli français, certains pelotons
essaient tant bien que mal de se reformer. Ces
résistances ne parviennent au final qu'à faire gagner du temps aux soldats en déroute afin qu'ils
puissent rallier les murs de la ville. La bataille en
elle-même n'aura duré qu'une demi-heure.

LA CHUTE DE QUÉBEC

Les deux commandants français et anglais sont
mortellement blessés au cours de l'affrontement : James Wolfe décède peu après la bataille,
et Louis-Joseph de Montcalm le lendemain dans
la nuit. On dénombre 58 morts et moins de
600 blessés côté anglais, tandis que les Français
comptent deux fois plus de tués dans leurs rangs.

Se préparant déjà à un nouveau siège de la ville, les Anglais construisent des installations utiles dans ces circonstances et mettent en place leurs nouvelles pièces d'artillerie. Les défenses de la ville ne se composent alors plus que de 2 200 hommes, dont seulement 300 soldats réguliers. Le responsable de la défense de Québec, Jean-Baptiste-Nicolas-Roch de Ramezay (1708-1777), reçoit 150 hommes et quelques canons en renfort. Lors d'un conseil de guerre convoqué en urgence, les autorités de la ville chargées de sa défense envisagent de plus en plus la possibilité d'une capitulation. Pendant ce temps, la menace se confirme : les Anglais creusent un fossé à 100 mètres de la ville et y positionnent une vingtaine de pièces d'artillerie aux calibres impressionnants.

À Québec, les vivres viennent à manquer, et un nouveau bombardement pourrait occasionner d'énormes dégâts dans des parties de la ville jusqu'alors épargnées. Le 15 septembre, une trêve est acceptée par les deux parties pour évacuer les femmes et les enfants. Les Anglais en profitent pour préparer le terrain. Alors que la reddition semble être la seule issue de cette bataille, le général français François Gaston de Lévis (1720-1787), alors à Montréal, projette d'attaquer les assaillants pour les éloigner de Québec jusqu'à l'hiver. Mais il arrive trop tard : le temps joue contre les Québécois, qui signent la capitulation de la ville au soir du 15 septembre et la remettent aux Britanniques le lendemain matin.

Les assiégés se rendent deux jours après la bataille des Plaines d'Abraham, alors que Louis-Antoine de Bougainville et ses troupes approchent. Les rôles s'inversent donc : les défenseurs deviennent les assaillants et réciproquement. Afin de ne pas susciter davantage l'hostilité des citoyens, les Anglais leur octroient le droit de libre circulation, huit jours seulement après la bataille. La mauvaise saison approchant, les Français retardent leur contre-offensive et envoient le gros de leurs effectifs à Montréal. Il ne reste désormais que 300 hommes au fort Jacques-Cartier, situé non loin de Québec.

RÉPERCUSSIONS DE LA BATAILLE

LES CONSÉQUENCES DE LA CONQUÊTE DE QUÉBEC

Le général français François Gaston de Lévis tente en vain de reprendre Québec à la fin du mois d'avril 1760 et ce, malgré la victoire à Sainte-Foy, non loin de Québec à l'ouest. Mais il n'y parvient pas, les Anglais recevant l'appui de quatre navires de guerre et les troupes françaises ayant trop peu de canons. La situation est désastreuse et, très vite, il juge la colonie perdue. Elle est abandonnée par la France qui semble se désintéresser de son sort. En effet, Québec devient, à partir de ce moment et depuis lors, hors de portée de la domination française. La Basse-Ville de Québec, située à proximité du port, est presque entièrement détruite à cause des bombardements, de même qu'un grand nombre de maisons et de rues menant au port. Dès lors, les premiers travaux entrepris par les militaires britanniques sont d'ordre stratégique. Ils jugent en effet les fortifications de la ville trop vétustes et réclament une citadelle. Il faut en effet protéger cette place stratégique et rentable qu'est Québec.

Durant le siège, l'officier britannique Robert Monckton (1726-1782) avait été chargé par le général James Wolfe de ravager les campagnes de la cité, afin d'obliger Louis-Joseph de Montcalm à effectuer une sortie et ainsi provoquer une bataille rangée. Cela a eu un impact très négatif sur les moissons et l'agriculture locale. Les Anglais s'emploient donc désormais à repeupler les campagnes avec des colons. Cela engendre une migration britannique provenant du continent et des treize colonies situées au sud. Par conséquent, la population anglophone augmente progressivement, mais reste minoritaire encore au début du XIXe siècle.

Par ailleurs, les nouveaux maîtres de Québec comprennent qu'il est dans leur intérêt d'entretenir de bons rapports avec les colons. Il serait en effet néfaste pour les troupes de subir des actes de sabotage ou de résistance de la part des habitants de la ville. Cela est d'autant plus vrai que la conquête n'est pas encore achevée.

LE DESTIN SCELLÉ DE LA NOUVELLE-FRANCE, L'ABANDON PAR LA MÉTROPOLE

À l'automne de 1759, il ne reste plus de la Nouvelle-France que Montréal et ses campagnes qui la relient à Québec, la Vallée-du-Richelieu et le lac Ontario. Quant à l'armée anglaise qui marchait sur Montréal par la voie du lac Champlain, la saison avancée l'oblige à remettre son invasion au printemps prochain.

La Nouvelle-France n'existe plus : elle a perdu ses avant-postes de l'est ; les postes du lac Huron, du lac Michigan et du lac Supérieur sont coupés du Canada, de même que la colonie de la Louisiane, à la suite des victoires anglaises sur le lac Ontario, le lac Érié et dans la vallée de l'Ohio. C'est la fin de l'empire français d'Amérique qui est désormais réduit à des tronçons qui, du fait de leur désarticulation, perdent leur valeur économique et leur puissance politique.

Les finances publiques françaises en sont durement affectées. Alors que la métropole ne prévoyait que 2 millions de livres pour les dépenses coloniales, celles-ci auront finalement été trois fois plus élevées. Pour combler ce déficit, l'intendant ordonne l'émission de lettres de change et de monnaie de cartes, entraînant une inflation. Mais en octobre 1759, le gouvernement français suspend le paiement des lettres de change des colonies, provoquant l'effondrement du papier-monnaie canadien. Par la suite, la France exprime son refus d'honorer ses obligations envers les habitants de l'ancien Canada.

De plus, aucun secours français significatif n'est envoyé entre 1759 et 1760, alors que les Anglais envoient trois armées marcher sur Montréal : la première arrive par Québec, la seconde par le lac Ontario et la dernière par la Vallée-du-Richelieu. Jean-Baptiste-Nicolas-Roch de Ramezay, le gouverneur de la colonie, est alors contraint de signer la capitulation au matin du 18 septembre 1759. La France ne cèdera officiellement ses territoires à l'Angleterre que quelques années plus tard, lors de la signature du traité de Paris du 10 février 1763, qui stipule la cession du Canada, d'une partie de la Louisiane et de la plupart des possessions françaises des Indes aux Anglais, devenus dès lors les maîtres de l'Amérique du Nord.

VERS UN NOUVEAU RÉGIME

Selon une idée encore répandue de nos jours chez les Canadiens francophones, la conquête britannique des territoires de la Nouvelle-France est vécue, à l'époque, comme un traumatisme. En réalité, bien que des différences notables existent entre les deux régimes et que des discriminations auront lieu, les Anglais tentent d'entretenir de bons rapports avec la population, et ce grâce à l'Acte de Québec de 1774 qui s'articule autour de trois grands axes :

- l'abolition du *Test Act* (ou serment du Test), qui assujettissait les fonctionnaires au roi d'Angleterre et à l'Église anglicane et excluait de ce fait les catholiques de la fonction publique. Avec l'abolition du serment, ceux-ci peuvent à nouveau travailler en tant que fonctionnaires ;
- le retour au droit civil français ;
- le maintien des structures administratives.

Les motifs de ces compromis sont explicables parce que les Anglais ont conscience de l'importance des territoires qu'ils viennent de conquérir : en plus de son intérêt financier, le Canada possède des voies maritimes dont le contrôle permet d'accéder à la majeure partie de la région nord-américaine. Le contrôle de Québec et de son promontoire sera, pour cette raison, un élément crucial lors de la guerre d'Indépendance américaine, en 1775.

Bon à savoir

Entre 1775 et 1783, les treize colonies américaines se révoltent contre le joug anglais et entreprennent une guerre d'indépendance. Les colons américains sont en effet mécontents des décisions de l'Angleterre concernant les augmentations des taxes et les délimitations du territoire. Le conflit divise également les colons, créant deux camps : les loyalistes, restés fidèles au gouvernement anglais, et les patriotes.

Les premières batailles prennent place dans les colonies du Nord et au Canada. Les colonies du Sud rejoignent ensuite leurs semblables et se dotent de déclarations d'indépendance.

Les armées américaines, menées par George Washington (1732-1799), futur premier président des États-Unis, remportent des victoires essentielles à Saratoga et jouissent de l'appui de grandes nations européennes comme l'Espagne, la France et les Provinces-Unies. Après de longues et fastidieuses campagnes, les Britanniques reconnaissent leur défaite et l'autonomie des États-Unis par le traité de Versailles, le 3 septembre 1783, cédant par ailleurs les territoires qu'ils possèdent à l'Est du Mississippi. Au sortir de la guerre, le bilan est lourd, les pertes humaines avoisinant les 5 000 morts dans chaque camp.

La bataille des Plaines d'Abraham est donc une étape décisive dans l'action militaire entreprise par les Anglais. Elle permet la prise de Québec, considérée comme la place forte de la Nouvelle-France, qui, une fois aux mains des Britanniques, amène le pays tout entier vers un nouveau régime. Cette bataille est ainsi, et tous les historiens nord-américains s'accordent sur ce point, un élément-clé de l'histoire du Canada, un véritable pivot qui a défini les traits actuels du pays.

EN RÉSUMÉ

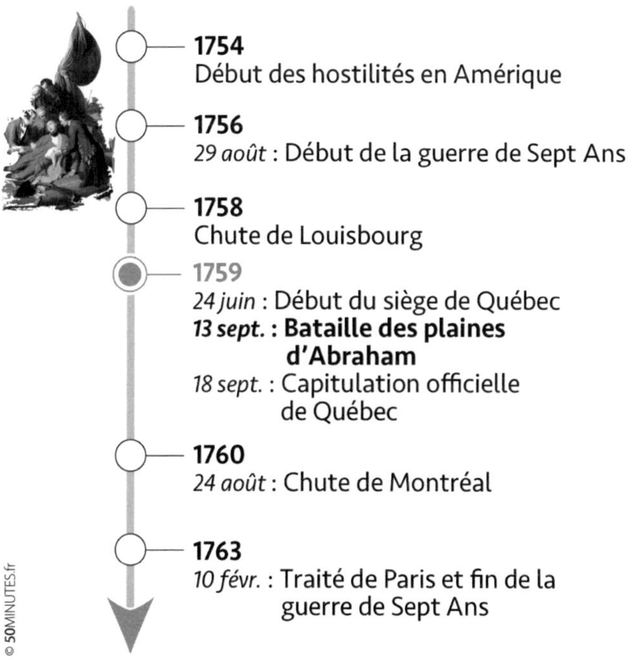

1754
Début des hostilités en Amérique

1756
29 août : Début de la guerre de Sept Ans

1758
Chute de Louisbourg

1759
24 juin : Début du siège de Québec
13 sept. : **Bataille des plaines d'Abraham**
18 sept. : Capitulation officielle de Québec

1760
24 août : Chute de Montréal

1763
10 févr. : Traité de Paris et fin de la guerre de Sept Ans

- En 1754, les Anglais entreprennent la conquête du Canada, possession française qui suscite leur convoitise depuis plus d'un siècle.
- Deux ans plus tard débute la guerre de Sept Ans, qui voit s'affronter l'Angleterre et la

France. L'enjeu est important : la constitution d'un empire colonial.

- En 1758, suite à la chute de Louisbourg, Québec devient la cible principale des Britanniques.
- Le 24 juin 1759 marque le début du débarquement anglais sur la rive du fleuve Saint-Laurent, en face de Québec. Le siège de la ville peut commencer.
- Dans la nuit du 12 au 13 septembre, alors que les Français sont persuadés que le débarquement s'effectuera à Beauport, James Wolfe et ses hommes arrivent à Anse-au-Foulon, un sentier escarpé qui mène aux plaines d'Abraham.
- Vers 8 heures, ce sont plus de 4 000 soldats anglais qui campent sur le champ de bataille. Louis-Joseph de Montcalm, comprenant la manœuvre, amène ses troupes au-devant de celles de James Wolfe.
- À 10 heures, les armées se mettent en ordre de combat. Louis-Joseph de Montcalm ordonne aux défenseurs français de tirer une première salve, qui n'occasionne toutefois que des dégâts mineurs, la distance étant trop grande face aux troupes anglaises.
- L'artillerie anglaise entre alors en scène et cause de lourdes pertes dans les rangs français, qui ripostent néanmoins.

- La seconde rafale britannique, dévastatrice, provoque la débandade d'une grande partie des hommes de Louis-Joseph de Montcalm, poursuivis dans leur fuite par les Anglais.
- Au terme de la bataille, qui n'aura même pas duré une heure, la victoire anglaise est sans appel.
- Le 18 septembre, afin d'éviter un nouveau siège, le responsable de la défense de Québec, Jean-Baptiste-Nicolas-Roch de Ramezay, accepte la capitulation.
- Le 24 août 1760, la chute de Montréal signe la fin effective de la Nouvelle-France.
- Le 10 février 1763, par le traité de Paris, qui met fin à la guerre de Sept Ans, la France renonce officiellement à ses possessions coloniales en Amérique du Nord.

Votre avis nous intéresse !
Laissez un commentaire sur le site de votre
librairie en ligne et partagez vos coups de cœur sur
les réseaux sociaux !

POUR ALLER PLUS LOIN

SOURCES BIBLIOGRAPHIQUES

- « Bataille des Plaines d'Abraham », in *Commission des champs de bataille nationaux*, consulté le 24 août 2013. http://www.ccbn-nbc.gc.ca/

- FRÉGAUT (Guy), *Canada. The War of The Conquest*, Toronto, Oxford University Press, 1969.

- MATHIEU (Jacques) et KEDL (Eugen), *Les plaines d'Abraham. Le culte de l'idéal*, Québec, Septentrion, 1993.

- PARKMAN (Francis), *Montcalm and Wolfe*, New York, Modern Library, 2000.

- STACEY (Charles Perry), *Quebec, 1759 : The Siege and The Battle*, Toronto, Laurentian Library, 1959.

SOURCES COMPLÉMENTAIRES

- BOUGAINVILLE (Louis-Antoine de), *Écrits sur le Canada. Mémoires, journal, lettres*, Québec, Septentrion, 2003.

- DICKINSON (John) et YOUNG (Brian), *A Short History of Quebec*, Québec, Fourth Edition, 2008.

- DULL (Jonathan), *La guerre de Sept Ans. Histoire navale, politique et diplomatique*, Rennes, Les Perséides, coll. « Le monde atlantique », 2009.

- DUPUY (Trevor N.), JOHNSON (Curt) et BONGARD (David L.), *The Encyclopedia of Military Biography*, Londres, I.B. Tauris, 1992.

- GONZÁLEZ CRUZ (David), *Une guerre de religion entre princes catholiques. La succession de Charles II dans l'empire espagnol*, Paris, Écoles des Hautes Études en Sciences Sociales, coll. « Civilisations et sociétés », 2006.

- KEEGAN (John) et WHEATCROFT (Andrew), *Who's Who in Military History. From 1453 to the Present Day*, Londres, Routledge, 1996.

- LEWIS (Michael), *The History of the British Navy*, Baltimore, Penguin Books, 1962.

- LINTEAU (Paul-André), *Histoire du Canada*, Paris, Presses universitaires de France, coll. « Que sais-je ? », 2007.

ICONOGRAPHIE

- *La Mort de Montcalm*, estampe de François-Joseph-Louis Watteau (peintre français, 1731-1798), vers 1783, conservée à la Bibliothèque nationale de France à Paris (France).

- *La Mort du général Wolfe*, tableau de Benjamin West (peintre américain, 1738-1820), 1770, conservé au musée des Beaux-Arts du Canada à Ottawa (Canada).

- *La Prise de Québec*, tableau d'Hervey Smythe (officier dans l'armée et peintre anglais, 1734-1811), vers 1797, conservée à la Bibliothèque du ministère de la Défense nationale à Ottawa (Canada).

- *Vue de la bataille des Plaines d'Abraham*, gravure publiée par Laurie and Whittle (éditeurs anglais, XVIII-XIXe siècle), 1759, conservée à la Bibliothèque des archives du Canada à Ottawa (Canada).

DOCUMENTAIRES

- *Battle for North America*, documentaire de Nathan Williams et Thomas Clifford, 2010.

- *History's Turning Points – 1759 AD : The Battle For Canada*, documentaire de Neil Cameron, 1995.

- *La fin de la Nouvelle-France*, documentaire-fiction de Brian McKenna et d'Olivier Julien, 2009.

MUSÉES ET BÂTIMENTS COMMÉMORATIFS

- La citadelle de Québec.

- Le jardin Jeanne d'Arc, situé dans le parc des Champs-de-bataille à Québec.

- Le monument aux Combattants, inauguré en 2009 et dédié aux militaires et aux civils morts lors de la guerre de Sept Ans, de la bataille de Sainte-Foy et de celle des Plaines d'Abraham, situé dans le parc des Champs-de-bataille à Québec.

- Le monument Wolfe du musée national des Beaux-Arts du Québec, situé dans le parc des Champs-de-bataille à Québec.

- Le parc des plaines d'Abraham, situé dans le parc des Champs-de-bataille à Québec.

- Le puits de Wolfe du musée national des Beaux-Arts du Québec. Selon la légende, c'est dans ce puits qu'on aurait puisé de l'eau pour désaltérer le général britannique, à l'agonie.

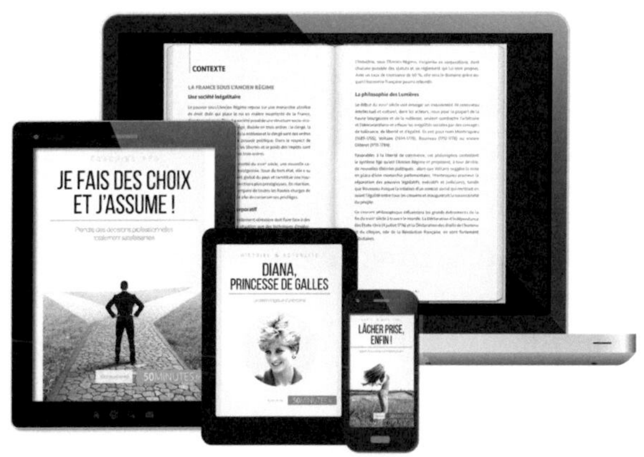

50MINUTES.fr

SOYEZ LÀ
OÙ ON NE VOUS ATTEND PAS !

www.50minutes.fr

www.50minutes.fr

ISBN ebook : 978-2-8062-5397-2
ISBN papier : 978-2-8062-5577-8
Dépôt légal : D/2014/12603/7
Photo de couverture : *La mort du général Wolfe*, peinture de Benjamin West © Domaine public

Conception numérique : Primento, le partenaire numérique des éditeurs